AF450339

BRIEVE
RELATION
DV VOYAGE
DE LA
NOVVELLE FRANCE,

Fait au mois d'Auril dernier par le
P. Paul le Ieune de la Compagnie
de I E S V S.

Enuoyée au R. P. Barthelemy Iacquinot
Prouincial de la mesme Compagnie
en la Prouince de France.

A PARIS,

Chez SEBASTIEN CRAMOISY,
ruë S. Iacques, aux Cicognes.

M. DC. XXXII.
AVEC PRIVILEGE DV ROY.

BRIEVE
RELATION
DV VOYAGE
DE LA
NOVVELLE FRANCE.

ON R. Pere, Estant ad-
uerti de vostre part, le der-
nier iour de Mars, qu'il
falloit au plustost m'em-
barquer au Haure de grace, pour
tirer droit à la Nouuelle France: l'aise
& le contentement que i'en resenti
en mon ame fut si grand, que de vingt
ans ie ne pense pas en auoir eu vn pa-
reil, ny qu'aucune lettre m'ait esté
tant agreable. Ie sorti de Dieppe le
lendemain, & passant à Roüen, nous

nous ioignimes de compagnie le Pere de Nouë, noſtre Frere Gilbert &
moy. Eſtans au Haure nous allaſmes
ſaluër monſieur du Pont, neueu de
Monſeigneur le Cardinal , lequel
nous donna vn eſcrit ſigné de ſa
main , par lequel il témoignoit que
c'eſtoit la volonté de mondit Seigneur que nous paſſaſſions en la
Nouuelle France. Nous auons vne
ſinguliere obligation à la charité de
de monſieur le Curé du Haure, & des
Meres Vrſulines ; Car comme nous
n'auions point preueu noſtre depart , ſi le Pere Charles Lallemant
à Roüen, & ces honneſtes perſonnes
au Haure ne nous euſſent aſſiſtez
dans l'empreſſement , où nous nous
trouuions , ſans doute nous eſtions
mal. Du Haure nous tirames à Honfleur, & le iour de Quaſimodo 18. d'-
Auril nous fimes voile.

Nous eumes au commencement

vn tres-beau temps, & en dix iours
nous fimes enuiron fix cens lieuës,
mais à peine en peumes nous faire
deux cens les trente trois iours fui-
uans. Ces bons iours paffez nous n'eumes quafi que tempeftes, ou vent
contraire, hormis quelques bonnes
heures qui nous venoient de temps
en temps. I'auois quelquesfois veu
la mer en cholere des feneftres de
noftre petite maifon de Dieppe :
mais c'eft bien autre chofe de fen-
tir deffous foy la furie de l'Ocean,
que de la contempler du riuage ;
nous eftions des trois & quatre iours
à la cappe, comme parlent les mariniers, noftre gouuernail attaché,
on laiffoit aller le vaiffeau au gré des
vagues & des ondes, qui le portoient
par fois fur des montagnes d'eau, puis
tout à coup dans des abyfmes ; vous
euffiez dit que les vents eftoient dé-
chainez contre nous ; à tous coups

nous craignions qu'ils ne brisassent nos mats, ou que le vaisseau ne s'ouurit: & de fait il se fit vne voye d'eau laquelle nous auroit coulé à fond, si elle fût arriuée plus bas, ainsi que i'entendois dire. C'est autre chose de mediter de la mort dans sa cellule deuant l'image du Crucifix, autre chose d'y penser dans vne tempeste, & deuant la mort mesme. Ie vous diray neantmoins ingenuëment, qu'encor que la nature desire sa conseruation, que neantmoins au fond de l'ame ie sentois autant ou plus d'inclination à la mort qu'à la vie ; ie me mettois deuant les yeux que celuy qui m'auoit conduit dessus la mer, auoit de tresbons desseins ; & qu'il le falloit laisser faire ; ie n'osois luy rien demander pour moy, sinon de luy presenter ma vie pour tout l'equipage. Quand ie me figurois que peut-estre dans peu d'heures, ie me verrois au milieu des

vagues, & par aduanture dans l'épaiſ-
ſeur d'vne nuict tres obſcure, i'auois
quelque conſolation en cette penſée,
m'imaginant que là où il y auroit
moins de la creature, qu'il y auroit
plus du Createur, & que ce ſeroit là
proprement mourir de ſa main : mais
ma foibleſſe me fait craindre, que
peut-eſtre ſi cela fuſt arriué i'euſſe
bien changé de penſée & d'affection.

Au reſte nous auons trouué l'hyuer dans l'eſté, c'eſt à dire dans le
mois de May & vne partie de Iuin,
les vents, & la bruine nous glaçoient,
le Pere de Nouë a eu les pieds & les
mains gelées, adiouſtez vne douleur
de teſte ou de cœur qui ne me quitta
quaſi iamais le premier mois ; vne
grande ſoif, pour ce que nous ne man-
gions que choſes ſalées, & il n'y auoit
point de fontaine d'eau douce dans
noſtre vaiſſeau. Nos cabanes eſtoient

fi grãdes, que nous n'y pouuions eſtre ny debout, ny à genoux, ny aſſis, & qui pis eſt, l'eau pendant la pluie me tomboit par fois ſur la face. Toutes ces incõmoditez eſtoient communes aux autres, les pauures mattelots enduroient bien dauantage. Tout cela eſt paſſé, Dieu mercy, ie n'euſſe pas voulu eſtre en France. Tous ces petits trauaux ne nous ont point encor, comme ie croy, donné la moindre triſteſſe de noſtre depart. Dieu ne ſe laiſſe iamais vaincre; ſi on luy donne des oboles, il donne des mines d'or, encor me ſemble-il que ie me ſuis mieux porté que le Pere de Nouë, lequel a eſté fort long temps ſans quaſi pouuoir manger; pour noſtre Frere, il eſt comme ces animaux Amphibies, il ſe porte auſſi bien ſur la mer que ſur la terre.

Le iour de la Pentecoſte, comme i'eſtois preſt de preſcher, ce que ie faisois ordinairement les Dimanches, & bonnes Festes, vn de nos mattelots se mit à crier moluë, moluë, il auoit ietté sa ligne, & en tiroit vne grande. Il y auoit desia quelques iours que nous estions sur le banc, mais on n'a-uoit quasi rien pris. Ce iour là on en prit tant qu'on voulut. C'estoit vn plaisir de voir vne si grande tuerie, & tant de ce sang répādu sur le tillac de nostre nauire. Ce rafraichissement nous vint fort à propos, apres de si longues bourrasques.

Le Mardy d'apres, premier iour de Iuin, nous vimes les terres, elles estoient encor toutes couuertes de neiges, l'hyuer tousiours grand en ces païs, & l'a esté extremément cette an-née. Quelques iours auparauant, sça-uoir est le 15. & 18. de May, estansen-cor éloignez des terres enuiron deux cens lieuës, nous auions rencontré deux glaces d'vne enorme grandeur

flottantes dans la mer, elles estoient
plus longues que nostre vaisseau, &
plus hautes que nos masts, le Soleil
donnant dessus vous eussiez dit estre
des Eglises, ou plustost des montagnes de crystal : à peine auroy-ie creu
cela si ie ne l'auois veu. Quand on en
rencontre quantité, & qu'vn nauire
se trouue embarrassé là dedans, il
est bien tost mis en pieces.

Le Ieudy 3. de Iuin nous entrames
dans le païs par l'vn des plus beaux
fleuues du monde, la grande Isle de
terre neuue le ferme en son emboucheure, luy laissant deux endroits, par
où il se dégorge dans la mer, l'vn au
Nord, & l'autre au Sud : nous entrames
par celuy-cy qui est large enuiron de
13. ou 14. lieuës. Si tost que vous estes
entrez, vous découurez vn golfe de
150. lieuës de largeur ; en montant
plus haut au lieu où cette grande riuiere commence à s'estressir, elle a

bien encor de largeur 37. lieuës : où nous sommes à Quebec, esloignez plus de 200. lieuës de l'emboucheure, elle a bien encor demie lieuë.

A l'entrée de ce golfe nous vimes deux rochers, l'vn paroissoir rond, l'autre quarré ; vous diriez que Dieu les a planté au milieu des eaux comme deux colombiers pour seruir de lieu de retraitte aux oyseaux, qui s'y retirent en si grande quantité, qu'on marche dessus eux : & si on ne se tient bien ferme, ils s'éleuent en si grand nombre, qu'ils renuersent les personnes : on en rapporte des chalouppes ou petits bateaux tous pleins quand le temps permet qu'on les aborde : les François les ont nommez les Isles aux oyseaux. On vient dans ce Golfe pour pescher des baleines, nous y en auons veu quantité, pour pescher aussi des moluës. I'y ay veu grand nombre de loups marins, nos gens

en tuerent quelques-vns. Il se trouue
dans cette grande riuiere nommée de
S. Laurens, des marsoins blancs &
non ailleurs; les Anglois les appellent des baleines blanches, pource
qu'elles sont fort grandes à compa-
raison des marsoins; ils montent iusques à Quebec.

Le iour de la Saincte Trinité nous
fumes contraints de relascher à Gas-
pay; c'est vne grande baie d'eau qui
entre dans ce païs: c'est icy où nous
mimes pied à terre pour la premiere
fois depuis nostre depart. Iamais
homme apres vn long voyage n'est
rentré dans son païs auec plus de contentement que nous entrions au nostre; c'est ainsi que nous appellions
ces miserables contrées. Nous y trou-
uames deux vaisseaux, l'vn de Honfleur, l'autre de Biscaye, qui estoient
venus pour la pesche des moluës.
Nous priames ceux de Honfleur de

nous dreſſer vn autel pour dire la Saincte Meſſe dans leur cabane. Ce fut à
qui y mettroit la main, tant ils eſtoiét
aiſes:auſſi leur diſoy-ie en riant,qu'en
baſtiſſant leur cabane ils ne penſoiét
pas baſtir vne Chapelle. Comme ie
vins à l'Euangile qui ſe lit ce iour-là à
la Meſſe, & qui eſtoit le premier que
ie prononçois en ces terres , ie fus
bien eſtonné entendant ces paroles
du Fils de Dieu à ſes Diſciples, *Data
eſt mihi omnis poteſtas in cœlo & in ter-
ra , euntes ergo docete omnes gentes ba-
ptiſantes eos in nomine Patris, &c. Ec-
ce ego vobiſcum* &c. Ie pris bon au-
gure de ces paroles, quoy que ie viſſe
bien qu'elle ne ſ'addreſſoient pas à
vne perſonne ſi miſerable que moy;
auſſi m'eſt-il aduis que ie viens icy
comme les pionniers, qui marchent
les premiers pour faire les tranchées,
& par apres les braues ſoldats viennent aſſieger, & prendre la place.

Apres la Messe nous entrames dans les bois, il y auoit encor quantité de neige, si ferme qu'elle nous portoit. Le matin il gela assez fort, comme i'allois lauer mes mains à vn torrent d'eau qui decouloit des montagnes, ie trouuay les bords tous glacez. Nos gens tuerent icy quelques perdrix fort grises, & aussi grosses que nos poulles de France. Ils tuerent aussi quelques lieures plus pattus que les nostres, & encor vn peu blancs, car les lieures en ce païs cy sont tous blancs, pendant les neiges, & pendant l'esté ils reprennent leur couleur semblable à celle des lieures de l'Europe.

Le iour suiuant nous nons remimes sous voile, & le 18. de Iuin nous moüillames à Tadoussac; c'est vne autre baie d'eau, ou vne anse fort petite, aupres de laquelle se trouue vn fleuue nommé Sagué qui se iette dans la grande riuiere de S.Laurens, ce fleu-

ue eſt auſſi beau que la Seine, quaſi
auſſi rapide que le Roſne, & plus profond que pluſieurs endroits de la mer,
car on dit qu'il a bien 80. braſſes de
profondeur aux endroits où il eſt le
moins profond. Comme nous allions
dire la Saincte Meſſe à terre, l'vn de
nos ſoldats tua vn grand aigle aupres
de ſon aire, il auoit la teſte & le col
tout blanc, le bec & les pieds iaunes,
le reſte du corps noiratre, il eſtoit
gros comme vn coq d'Inde. Nous a-
uons icy ſeiourné depuis le 14. Iuin,
iuſques au 3. de Iuillet, c'eſt à dire 19.
iours. Il faiſoit encor grand froid
quand nous y arriuames, mais auant
que d'en partir nous y auons reſſenty
de grandes chaleurs ; & ce pendant ce
n'eſtoit que le printemps, puiſque les
arbres eſtoient ſeulement fleuris. En
fort peu de temps les feüilles, les bou-
tons, les fleurs & les fruits paroiſſent
icy, & meuriſſent, i'entends les fruicts

sauuages, car il n'y en a point d'autres. Or c'eſt icy que i'ay veu des Sauuages pour la premiere fois. Si toſt
qu'ils apperceurent noſtre vaiſſeau ils
firent des feux, & deux d'entr'eux
nous vindrent aborder dans vn petit
cauot fait d'eſcorce fort proprement.
Le lendemain vn Sagamo auec dix
ou douze Sauuages nous vint voir; il
me ſembloit, les voyant entrer dans
la chambre de noſtre Capitaine, où
i'eſtois pour lors, que ie voyois ces
maſques qui courent en France à Ca-
reſme-prenant. Il y en auoit qui a-
uoient le nez peint en bleu, les yeux,
les ſourcils, les iouës peintes en noir,
& le reſte du viſage en rouge; & ces
couleurs ſont viues & luiſantes comme celle de nos maſques: d'autres a-
uoient des rayes noires, rouges &
bleuës, tirées des oreilles à la bouche:
d'autres eſtoient tous noirs hormis le
haut du front, & les parties voiſines
des

des oreilles & le bout du menton, si
bien qu'on eut vrayement dit qu'ils
estoient masquez. Il y en auoit qui
n'auoient qu'vne raye noire, large
d'vn ruban, tirée d'vne oreille à l'autre, au trauers des yeux, & trois petites rayes sur les ioües. Leur couleur
naturelle est cóme celle de ces gueux
de France qui sont demy rostis au Soleil, & ie ne doute point que les Sauuages ne fussent tres-blács s'ils estoiét
bien couuerts. De dire comme ils sont
vestus, il est bien difficile ; les hommes quand il fait vn peu chaud vont
tous nuds, hormis vne piece de peau
qu'ils mettent au dessous du nombril
iusques aux cuisses. Quand il fait
froid, ou bien à l'imitation des Europeans, ils se couurent de peaux de Castor, d'Ours, de Renard, & d'autres
tels animaux, mais si maussadement,
que cela n'empesche pas qu'on ne
voyent la plufpart de leurs corps.

I'en ay veu de veſtus de peau d'Ours,
iuſtement comme on peint S. Iean
Baptiſte. Cette peau veluë au dehors,
leur alloit ſous vn bras & ſur l'autre,
& leur battoit iuſques aux genoux, ils
eſtoient ceints au trauers du corps
d'vne corde de boyau. Il y en a de veſtus entierement, ils reſſemblent tous
à ce Philoſophe de la Grece, qui ne
portoit rien ſur ſoy qu'il n'eut fait. Il
ne faut pas employer beaucoup d'an-
nées pour apprendre tous leurs me-
ſtiers. Ils vont tous teſte nuë hommes
& femmes ; ils portent les cheueux
longs; ils les ont tous noirs, graiſſez,
& luiſans; ils les lient par derriere, ſi-
non quand ils portent le dueil. Les
femmes ſont honneſtement couuertes ; elles ont des peaux iointes ſur les
eſpaules auec des cordes, & ces peaux
leurs battent depuis le col iuſques aux
genoüils ; elles ſe ceignent auſſi d'v-
ne corde, le reſte du corps la teſte, les

bras & les iambes sont descouuertes;
il y en a neantmoins qui portent des
manches, des chausses, & des sou-
liers, mais sans autre façon que celle
que la necessité leur a appris. Maintenant qu'ils traittent des capots, des
couuertures, des draps, des chemises
auec les François, il y en a plusieurs
qui s'en couurent, mais leurs chemises sont aussi blanches & aussi grasses
que des torchons de cuisine, ils ne
les blanchissent iamais. Au reste ils
sont de bonne taille, le corps bien
fait, les membres tres-bien propor-
tionnez, & ne sont point si massifs
que ie les croyois; ils ont vn assez
bon sens; ils ne parlent point tous
ensemble, ains les vns apres les autres, s'écoutans patiemment. Vn
Sagamo ou Capitaine disnât vn iour
en la chambre du nostre, voulant dire
quelque chose, & ne trouuant point
le loisir pource qu'on parloit tous-

iours, en fin pria la compagnie qu'on luy donnaſt vn peu de temps pour parler à ſon tour, & tout ſeul, comme il fit.

Or comme dans les grandes eſtenduës de ces païs cy, il y a quantité de nations toutes barbares, auſſi ſe font-elles la guerre les vnes les autres fort ſouuent. A noſtre arriuée à Tadouſſac les Sauuages reuenoient de la guerre contre les Hiroquois, & en auoient pris neuf, ceux de Quebec en tenoient ſix, & ceux de Tadouſſac trois. Monſieur Emery de Caën les fut voir, il deſiroit ſauuer la vie au plus ieune, ie plaiday fort pour tous trois, mais on me dit qu'il falloit de grands preſens, & ie n'en auois point. Arriuez donc que nous fumes aux cabanes des Sauuages, qui ſont faites de perches , & couuertes d'écorces aſſez groſſierement , le faiſte n'eſt point couuert pour receuoir le iour par là, & donner yssuë à la fumée. Nous entrames dans celle du Capitaine de guerre qui estoit longuette; il y auoit trois feux au milieu, les vns éloignez des autres de cinq ou six pieds. Estans entrez nous nous assimes de part & d'autre à plate terre, couuerte de petite branches de sapin; ils n'ont point d'autres sieges. Cela fait, on fit venir les prisonniers qui s'assirent les vns aupres des autres; le plus âgé auoit plus de 60. ans, le second enuiron 30. le troisiesme estoit vn ieune garçon de 15. à 16. ans. Ils se mirent tous à chanter, pour montrer qu'ils ne craignoiét point la mort, quoy que tres-cruelle; leur chant me semble fort desagreable, la cadence finissoit tousiours par ces aspirations reïterées oh! oh! oh! ah! ah! ah! hem! hem! hem! &c. Apres qu'ils eurent bien chanté, on les fit dancer les vns apres les autres, le plus âgé se leue le premier, & com-

mance à marcher du long de ſa cabane tout nud, hors mis, comme i'ay
dit, vn morceau de peau qui luy cou-
uroit ce que la nature a caché. Il frap-
poit des pieds la terre en marchant,&
chantoit inceſſamment. Voyla toute
ſa dance, pendant laquelle tous les autres Sauuages qui eſtoient dans la cabane frappoient des mains ou ſe bat-
toient la cuiſſe, tirans cette aſpiration
du fond de l'eſtomach a-ah, a-ah,
a-ah, & puis quand le priſonnier s'ar-
reſtoit, ils crioient o-oh ! o-oh!
o-oh ! & l'vn ſe raſſeant, l'autre ſe
mettoit à dancer. Monſieur de Caën
demanda quand on les feroit mourir,
ils reſpondirent le lendemain. Ie les
fut voir encor, & ie trouuay trois
pieux de bois dreſſez, où on les de-
uoit executer : mais il vint nouuelle
de Quebec qu'on traittoit de paix
auec les Hiroquois,& qu'il faudroit
peut-eſtre rendre les priſonniers,ainſi

leur mort fut retardée. Il n'y a cruauté semblable à celle qu'ils exercent
contre leurs ennemis. Si toſt qu'ils les
ont pris ils leurs arrachent les ongles
à belles dents ; ie vis les doigts de ces
pauures miſerables qui me faiſoient
pitié, & vne playe aſſez grande au
bras de l'vn d'eux, on me dit que c'e-
ſtoit vne morſure de celuy qui l'auoit
pris, l'autre auoit vne partie du doigt
emporté, & ie luy demanday ſi le feu
luy auoit fait cela, ie croyois que ce
fuſt vne bruſlure, il me fit ſigne qu'on
luy auoit emporté la piece auec les
dents. Ie remarquay la cruauté meſme des filles & des femmes, pendant
que ces pauures priſonniers dançoiét:
car comme ils paſſoient deuant le
feu, elles ſoufloient & pouſſoient la
flamme deſſus eux pour les bruſler.
Quand ils les font mourir ils les atta-
chent à vn poteau, puis les filles auſſi
bien que les hommes leur appliquent

des tifons ardents & flambans aux parties les plus fenfibles du corps, aux coftez, aux cuifles, à la poitrine, & en plufieurs autres endroits : ils leurs leuent la peau de la tefte, puis iettent fur le crane ou le teft découuert, du fablon tout bruflant ; ils leurs percent les bras au poignet auec des baftons pointus, & leurs arrachent les nerfs par ces trous. Bref ils les font fouffrir tout ce que la cruauté & le Diable leur met en l'efprit. En fin pour derniere cataftrophe ils les mangent & les deuorent quafi tout crus. Si nous eftions pris des Hiroquois, peut-eftre nous en faudroit-il paffer par là, pour autant que nous demeurons auec les Montagnards leurs ennemis. Ils font fi enragez contre tout ce qui leur fait du mal, qu'ils mangent les poux & toute autre vermine qu'ils trouuét fur eux, non pour aucun gouft qu'ils y ayent ; mais feu-

lement, difent-ils, pour fe vanger &
pour manger ceux qui les mangent.

Pendant que ces pauures captifs
chantoient & dançoient, il y en auoit
de noftre equipage qui fe rioient
voyans cette barbarie : mais ô mon
Dieu quel trifte fubiet de rire! c'eft la
verité que le cœur me fendoit. Ie ne
penfois nullement venir en Canada
quand on m'y a enuoyé; ie ne fentois
aucune affection particuliere pour
les Sauuages, fi bien à faire l'obeïf-
fance, quand on m'euft deu enuoyer
encor plus loin mille fois : mais ie
puis dire que quand i'aurois eu de l'a-
uerfion de ce païs, voyant ce que i'ay
defia veu ie ferois touché, euffé-ie le
cœur de bronze. Pleut à Dieu que
ceux qui peuuent affifter ces pauures
ames, & contribuer quelque chofe à
leur falut, fuffent icy feulement pour
trois iours; ie ne croy pas que l'affection de les fecourir ne faifit puiffam-

ment leur ame. Qu'on ne s'eſtonne
point de ces barbaries, auant que la
foy fut receuë en Allemagne, en Eſ-
pagne, en Angleterre, ces peuples
n'eſtoient pas plus polis. L'eſprit ne
manque pas aux Sauuages de Canada, ſi bien l'education & l'inſtru-
ction. Ils ſont dé-ja las de leurs miſe-
res,& nous tendent les bras pour eſtre
aſſiſtez. Il me ſemble que les nations
qui ont vne demeure ſtable ſe con-
uertiroient aiſement, ie puis dire
des Hurons tout ce que nous en a
eſcrit il y a quelque temps le Pere
d'vn ieune-homme des Paraquais,
ſçauoir eſt, qu'il y a grandement à
ſouffrir parmy eux, mais qu'il s'y
peut faire de grands fruicts, & que
ſi les conſolations de la terre y man-
quent, celles du Paradis s'y gouſtent
deſia,il ne faut que ſçauoir la langue,
& ſi le Pere Brebeuf n'eût point eſté
contraint par les Anglois de s'en re-

ourner d'icy, lesquels s'estoient em-
parez du fort des François, il auroit
desia bien aduancé la gloire de Dieu
en ce pays là. Pour les nations étran-
ges & vagabondes, comme sont cel-
es où nous sommes demeurans à
Kebec, il y aura plus de difficulté;
Le moyen à mon aduis de les ayder,
c'est de dresser des seminaires, & pré-
dre leurs enfans qui sont bien éueil-
lez & fort gentils: on instruira les peres par le moyen des enfans, voire-
mesme, il y en a desia quelques vns
d'entr'eux qui commencent à cultiuer la terre, & semer du bled d'Inde,
leur vie facheuse & tres-miserable
leur ennuye: mais en vn mot, la pro-
messe du Pere Eternel à son Fils s'ef-
fectuera tost ou tard. *Dabo tibi gentes*
hæreditatem tuam, & possessionem tuam
terminos terræ .On a fait de grands
fruicts dans les Indes Orientales, &
dans l'Amerique meridionale, quoy

qu'on ait trouué en ces païs là non
seulemét des vices à combattre, mais
encor des superstitions estranges,
ausquelles ces peuples estoient plus
attachez qu'à leur propre vie. En la
nouuelle France il n'y a que les pe-
chez à destruire , & encor en petit
nombre : car ces pauures gens si éloignez de toutes delices , ne sont pas
adonnez à beaucoup d'offenses. De
superstition ou faulse religion , s'il
y en a en quelques endroits , c'est
bien peu. Les Canadiens ne pensent
qu'à viure & à se venger de leurs ennemis ; ils ne sont attachez au culte
d'aucune Diuinité. Ils peuuent prẽdre
plusieurs femmes, cependaut ils n'en
ont qu'vne ; i'ay ouy parler d'vn seul
qui en a deux, encor luy en fait-on
reproche. Il est vray que celuy qui
sçauroit leur langue les manieroit
comme il voudroit , c'est à quoy ie
me vais appliquer , mais i'aduance-

ray fort peu cette année, pour les rai-
sons que i'écriray en particulier à vostre Reuerence. Mais retournons à
la suite de nostre voyage.

Quelque temps auparauant que
nous leuassions les ancres de Tadoussac, il s'éleua vn grain, comme parlent les mattelots, ou vne tempeste si
furieuse, qu'elle nous ietta bien auãt
dans le peril, quoy que nous fussions
en la maison d'asseurance: c'est ainsi
que i'appelle la baie de Tadoussac.
Les tonnerres grondoient horrible-
mét, les vents furieux firent tellemét
plier nostre vaisseau, que si ce grain
eût continué, il l'eust renuersé sans
dessus dessous : mais cette furie ne
dura pas , & ainsi nous échapasmes
ce danger.

Le 3. iour de Iuillet nous sortimes
de Tadoussac, & nous allames moüil-
ler à l'échaffaut aux Basques, c'est vn
lieu ainsi appelé , à cause que les Bas-

ques viennent iufques là pour prendre des baleines. Comme il eftoit
grand calme, & que nous attendions
la marée, ie mis pied à terre : ie pen-
fay eftre mangé des maringoins, ce
font petites mouches importunes au
poffible ; les grands bois qui font icy
en engendrent de plufieurs efpeces ;
il y a des mouches communes, des
moufquilles, des mouches luifantes,
des maringoins, & des groffes mouches, & quantité d'autres : les groffes
mouches piquent furieufement, &
la douleur qui prouient de cette pi-
queure, & qui eft fort cuifante, dure
affez long temps, il y a peu de ces
groffes mouches ; les moufquilles
font extrememement petites, à peine les
peut-on voir, mais on les fent bien ;
les mouches luifantes ne font point
de mal, vous diriez la nuict que ce
font des eftincelles de feu ; elles iettent plus de lumiere que les vers lui-

ſants que i'ay veus en France : tenant
vne de ces mouches & l'appliquant
aupres d'vn liure ie lirois fort bien.
Pour les maringoins c'eſt l'importu-
nité meſme , on ne ſçauroit trauailler notamment à l'air pendant leur
regne, ſi on n'a de la fumée auprés
ſoy pour les chaſſer : il y a des per-
ſonnnes qui ſont contraintes de ſe
mettre au lit venans des bois, tant ils
ſont offenſez. I'en ay veu qui auoient
le col, les ioües, tout le viſage ſi en-
flé , qu'on ne leur voyoit plus les
yeux ; ils mettent vn homme tout en
ſang quand ils l'abordent ; ils font la
guerre aux vns plus qu'aux autres ; Ils
m'ont traité iuſques icy aſſez dou-
cement , ie n'enfle point quand ils
me piquent, ce qui n'arriue qu'à fort
peu de perſonnes ſi on y eſt accou-
ſtumé : ſi le païs eſtoit eſſarté & ha-
bité, ces beſtioles ne s'y trouueroient
point ; car deſia il s'en trouue fort

peu au fort de Kebec, à cause qu'on couppe les bois voisins.

Le 4. de Iuillet nous leuames l'ancre pour aborder à quatre lieuës de Kebec : mais le vent estoit si furieux que nous pensames faire naufrage dans le port. Auant que d'arriuer à Kebec on rencontre au milieu de cette grande riuiere vne Isle nommée de sainct Laurens, qui a bien sept lieuës de long : elle n'est esloignée du bout plus occidental que d'vne lieuë de la demeure des François. Enuiron le milieu de cette Isle on ietta l'ancre pour s'arrester : mais les vents & la marée poussoient nostre nauire auec vne telle impetuosité, que le cable se rompit comme vn filet, & l'ancre demeura dans l'eau. A vn quart de lieuë de là on en iette vne autre, le cable se rompt tout de mesme que le premier. Dedans ce trouble, comme les vents redoubloient, le cable qui

tenoit

tenoit noſtre batteau attaché derriere noſtre nauire, ſe rompit auſſi, &
en vn inſtant noſtre batteau diſpa-
rut. A trois iours de là quelques Sauuages nous vindrent apporter nouuelle du lieu où il s'eſtoit allé é-
choüer; s'il eût rencontré des roches
auſſi bien qu'il rencontra de la vaſe,
il ſe fût briſé en cent pieces. Si cette
bouraſque nous eût pris vne heure
pluſtoſt, en vn endroit fort dange-
reux, nos Pilotes diſoient que c'e-
ſtoit fait de nous. En fin quand nous
fumes enuiron trois quarts de lieuës
du bout de noſtre pellerinage, on ietta le troiſieſme ancre qui nous ar-
reſta: vne barque Françoiſe que nous
auions rencontré à Tadouſſac, & qui
venoit auec nous, perdit deux ancres
auſſi bien que nous.

En fin le 5. de Iuillet qui eſtoit vn
Lundy, deux mois & 18. iours depuis
le 18. d'Auril que nous partimes,

nous arriuames au port tant desiré,
Nous moüillames l'ancre deuant le
fort que tenoient les Anglois ; nous
vimes au bas du fort la pauure habitation de Kebec toute bruslée. Les Anglois qui estoient venus en ce païs cy
pour piller, & non pour edifier, ont
bruslé, non seulement la plus grande
partie d'vn corps de logis, que le Pere
Charles Lallement auoit fait dresser,
mais encor toute cette pauure habitation, en laquelle on ne voit plusque
des murailles de pierres toutes bou-
leuersées ; cela incommode fort les
François, qui ne sçauent où se loger.
Le lendemain on enuoya sommer le
Capitaine Thomas Ker, François de
nation, né à Dieppe, qui s'est retiré
en Angleterre, & qui auec Dauid &
Louys Ker ses freres, & vn nommé
Iacques Michel aussi Dieppois, tous
huguenots, s'estoient venus ietter sur
ce pauure païs, où ils ont fait de gráds

degaſts, & empeſché de tres-grands biés. Ce pauure Iacques Michel plein de melancholie, ne ſe voyant point recompenſé des Anglois, ou pluſtoſt des François reniez & angliſez, comme il pretendoit, preſſé en outre d'vn remors de conſcience d'auoir aſſiſté ces nouueaux Anglois contre ceux de ſa patrie, mourut ſubitement quelque temps apres la priſe de ce païs cy. Il fut enterré à Tadouſſac l'ay appris icy que les Sauuages le deterrerent, & firent toute ſorte d'ignominie à ſon corps, le mirent en pieces, le donnerent à leurs chiens : voyla le ſalaire des perfides, ie prie Dieu qu'il oure les yeux aux autres. Monſieur Emery de Caën auoit deſia enuoyé de Tadouſſac vne chalouppe, auec vn extraict des Commiſſions & Lettres Patentes des Roys de France & d'Angleterre, par leſquelles il eſtoit commandé au Capitaine Anglois de

rẽdre le fort dans huict iours. Les Lettres veuës, il fit réponſe qu'il obeïroit
quand il auroit veu l'original. On luy
porta donc le lendemain de noſtre
arriuee, cependant nous allames ce-
lebrer la ſainĉte Meſſe en la maiſon
la plus ancienne de ce païs cy, c'eſt la
maiſon de madame Hebert, qui ſ'eſt
habituée aupres du fort, du viuant de
ſon mary ; elle a vne belle famille, ſa
fille eſt icy mariée à vn honneſte Frã-
çois, Dieu les benit tous les iours, il
leur a donné de tres-beaux enfans,
leur beſtial eſt en tres-bon point,
leurs terres leurs rapportent de bon
grain ; c'eſt l'vnique famille de François habituée en Canada. Ils cher-
choient les moyens de retourner en
France, mais ayans appris que les
François retournoient à Kebec, ils
commencerent à reuiure. Quand ils
virent arriuer ces pauillons blancs ſur
les mats de nos vaiſſeaux, ils ne ſça-

uoient à qui dire leur contentement : mais quand ils nous virent en leur maison pour y dire la saincte Messe, qu'ils n'auoient point entéduë depuis trois ans, bon Dieu, quelle ioye! les larmes tomboient des yeux quasi à tous, de l'extreme côtentement qu'ils auoiét. O que nous châtames de bon cœur le *Te Deum laudamus*, c'estoit iustement le iour de l'octaue de sainct Pierre & S. Paul. Le *Te Deum* chanté i'offris à Dieu le premier Sacrifice à Kebec. L'Anglois ayant veu les Patentes signées de la main de son Roy, promit qu'il sortiroit dans la huictaine,& de fait il commença à s'y disposer, quoy qu'auec regret : mais ses gens estoient tous bien aises du retour des François, on ne leur donnoit que six liures de pain au poids de France, pour toute leur semaine. Ils nous disoient que les Sauuages les auoient aidé à viure la plufpart du téps.

C iij

Le Mardy suiuant 13. de Iuillet, ils re-
mirent le fort entre les mains de monsieur Emery de Caën, & de monsieur
du Plessis Bochart son Lieutenant. Et
le mesme iour firent voile dans deux
nauires qu'ils auoient à l'ancre. Dieu
sçait si nos François furent ioyeux
voyans déloger ces François Angli-
sez, qui ont fait tant de maux en ce
miserables contrées, & qui sont cause que plusieurs Sauuages ne sont pas
baptisez, notamment aux Hurons où
la Foy produiroit maintenant de
fruicts dignes de la table de Dieu, si
ces ennemis de la verité, de la vraye
vertu, & de leur patrie, ne se fussent
point iettez à la trauerse. Dieu soit
beny de tout ; c'est à nos François de
penser à leur conseruation, & à mettre en peu de temps ce païs cy en tel
estat, qu'ils ayent fort peu affaire des
viures de France, ce qui leur sera bien
aisé s'ils veullent trauailler. Les An-

glois délogeans nous sommes rentrez dans nostre petite maison. Nous
y auons trouué pour tous meubles
deux tables de bois telles quelles, les
portes, fenestres, chassis, tous brisez
& enleuez, tout s'en va en ruine, c'est
encor pis en la maison des Peres Re-
colets; nous auons trouué nos terres
défrichées couuertes de pois, nos Peres les auoient laissées à l'Anglois
couuertes de fourment, d'orge , &
de bled d'Inde, & ce pendant ce Capitaine Thomas Ker a vendu la re-
colte de ces pois, refusant de nous les
donner pour les fruicts qu'il auoit
trouué sur nos terres; nostre Seigneur
soit honoré pour iamais; quand on
est en vn mauuais passage il s'en faut
tirer comme on peut; c'est beaucoup
qu'vn tel hoste soit forty de nostre
maison, & de tout le païs ; nous a-
uons maintenant prou dequoy exercer la patience , ie me trompe, c'est

Dieu mesme qui porte la Croix qu'il
nous donne : car en verité elle nous
semble petite, quoy qu'il y ait dequoy souffrir. Retournons aux Sauuages, & en disons encor deux petits
mots.

La veille de nostre depart de Tadoussac, vindrent nouuelles que les
prisonniers Hiroquois auoient esté
mis à mort à Kebec, & que ceux de
Tadoussac deuoient le lendemain
passer le pas : ie me remets à plaider
leur cause, & promets de donner ce
qu'il faudroit pour les nourrir passant en France, voire de trouuer personnes qui les receuroiét si tost qu'ils
y seroient arriuez ; ie me confiois en
la charité de plusieurs honnestes personnes qui n'auroient pas refusé vne
aumosne pour racheter les corps de
ces miserables des supplices qu'ils ont
enduré, & leur ame de la damnation
eternelle. I'aborde donc monsieur

du Pleſſis noſtre Lieutenant , ie luy fay apprehender l'affaire. On fait des aumoſnes en France pour retirer des empriſonnez pour des debtes , & pourquoy ne trauaillera-on point pour ces pauures eſclaues de Satan ? Ie luy fay mes offres, que nous don‐nerions tout ce que nous pourrions : il embraſſe l'affaire, & la propoſe le ſoir entre ceux qui mangeoient en la table de noſtre Capitaine : on repart qu'il faudroit de grands preſens pour leur ſauuer la vie, monſieur du Pleſſis dit qu'on donneroit ce qu'on pour‐roit , & qu'au reſte il ne faudroit pas grande choſe , qu'on pourroit de‐mander ces trois priſonniers Hiro‐quois comme en eſchange d'vn Fran‐çois qu'ils ont tué il y a quelques an‐nées , ou à tout le moins en demander deux,& qu'aſſeurément on les auroit : le truchement qui leur auoir parlé m'auoit aſſeuré que la choſe eſtoit

facile : là deſſus on forme mille diffi-
cultez, & l'vn de la compagnie ſé-
cria qu'il falloit qu'ils mouruſſent,
qu'il les eſtrangleroit pluſtoſt, que
c'eſtoient des coquins, & que parlât à
vn Sauuage de Kebec il luy auoit dõ-
né aduis de les faire mourir. Si la mort
de ces miſerables apportoit quelque
profit à la traicte des peaux, qu'on
vient faire en ce païs cy, ce zele de
mort auroit quelque couleur ; mais
leur vie & leur mort ne fait rien pour
la traicte. O qu'il importe beaucoup
de bien choiſir les perſonnes qu'on
enuoye en ce païs cy ! Il eſt vray que
monſieur Emery de Caën n'approu-
ua point cette cruauté. Quoy que
ç'en ſoit le vent nous eſtant fauora-
ble le iour ſuiuant nous fimes voile,&
laiſſames-là ces trois pauures aban-
donnez entre les mains de leurs ennemis, qui en traitterent deux d'vn
horible façon, car ils n'ont point tué

le plus ieune à ce qu'on nous a dit.

Arriuez que nous fumes à Kebec
on nous raconta la mort de fix pri-
fonniers que les Sauuages tenoient,
laquelle eft arriuée pour l'yurongne-
rie que les Europeans ont icy apporté. Le Miniftre Anglois, qui au refte
n'eftoit point de la mefme Religion
que fes oüailles, car il eftoit Proteftát
ou Lutherien, les Kers font Caluini-
ftes, ou de quelque autre Religion
plus libertine, auffi ont-ils tenu fix
mois en prifon ce pauure Miniftre
dedans noftre maifon : lequel m'a ra-
conté que les Montagnards vouloient traitter la paix auec les Hiroquois, & que celuy qui tenoit les pri-
fonniers luy auoit promis qu'on ne
les feroit point mourir : neantmoins
ce miferable eftant yure d'eau de vie,
qu'il auoit traitté auec les Anglois
pour des Caftors, appella fon frere
& luy commanda d'aller donner

coup de cousteau à l'vn des Hiroquois & le tuer, ce qu'il fit. Voyla
les pensées de la paix euanoüies ; on
parle de la mort des autres. Le Mini-
stre entendant cela dit à ce Sauuage
qu'il n'auoit point tenu sa parole fai-
sant mourir ce prisonnier. C'est toy,
répond le Sauuage, & les tiens qui
l'ont tué, car si tu ne nous donnois
point d'eau de vie, ny de vin, nous
ne ferions point cela. Et de fait depuis
que ie suis icy ie n'ay veu que des Sauuages yures, on les entend crier &
tempester iour & nuict, ils se battent
& se blessent les vns les autres, ils
tuent le bestial de madame Hebert:
& quand ils sont retournez à leur bon
sens, ils vous disent, Ce n'est pas nous
qui auons fait cela, mais toy qui nous
donne cette boisson: ont ils cuué leur
vin, ils sont entr'eux aussi grands amis
qu'auparauant, se disans l'vn l'autre
tu es mon frere, ie t'ayme, ce n'est pas

moy qui t'ay blessé, mais la boisson
qui s'est seruy de mon bras. I'en ay
veu de tous meurtris par la face ; les
femmes mesmes s'enyurent, & crient
comme des enragées ? ie m'attend
bien qu'ils tueront l'vn de ces iours
quelques François, ce qu'ils ont dé-
ja pensé faire, & passé huict heures du
matin il ne fait pas bon les aller voir
sans armes, quand ils ont du vin.
Quelques vns de nos gens y estant al-
lez apres le disner, vn Sauuage les
voulut assommer à coups de haches :
mais d'autres Sauuages qui n'estoient
pas yures vindrent au secours. Quand
l'vn d'eux est bien yure, les autres le
lient par les pieds & par les bras, s'ils
le peuuent attraper. Quelques-vns
de leurs Capitaines sont venus prier
les François de ne plus traitter d'eau
de vie, ny de vin, disans qu'ils seroient
cause de la mort de leurs gens. C'est
bien le pisquand ils en voyent deuant

eux d'autres autant yures qu'ils fçau-
roient eftre. Mais finiffons le difcours
de ces Hiroquois ; on fit parler au
Capitaine Anglois s'il en vouloit
quelquesvns, comme il entendit qu'il
falloit faire quelque prefent , il répondit que non, & qu'ils en fiffent ce
qu'ils voudroient. Voicy donc comme ils les traitterent.

Ils leurs auoient arraché les ongles
auec les dents fi toft qu'ils furent pris :
Ils leurs couperent les doigts le iour
de leur fupplice, puis leurs lierent les
deux bras enfemble par le poignet de
la main auec vn cordeau, & deux
hommes de part & d'autre, le tiroient
tant qu'ils pouuoient, ce cordeau en-
troit dans la chair & brifoit les os de
ces pauures miferables, qui crioient
horriblement. Ayans les mains ainfi
accommodées on les attacha à des
potteaux , & les filles & les femmes
donnoient des prefents aux hommes

à fin qu'ils les laissassent tourmenter à
leur gré ces pauures victimes. Ie n'as-
sistay point à ce supplice, ie n'aurois
peu supporter cette cruauté diaboli-
que; mais ceux qui estoient presens
me dirent, si tost que nous fumes arriuez, qu'ils n'auoient iamais veu rien
de semblable. Vous eussiez veu ces
femmes enragées, crians, hurlans,
leur appliquer des feux aux parties
les plus sensibles, & les plus vergo-
gneuses, les picquer auec des aleines,
les mordre à belle dents, comme des
furies, leurs fendre la chair auec des
cousteaux; bref exercer tout ce que
la rage peut suggerer à vne femme.
Elles iettoient sur eux du feu, des cen-
dres bruslantes, du sable tout ardent,
& quand les suppliciez iettoiét quelques cris, tous les autres crioient encor plus fort, à fin qu'on n'entendit
point leurs gemissemens, & qu'on
ne fut touché de compassion. On leur

couppa le haut du front auec vn cou-
fteau, puis on enleua la peau de leur
tefte, & ietta-on du fable ardent fur
le teft découuert. Maintenant il y a
des Sauuages qui portent ces peaux
couuertes de leurs cheueux & mou-
ftaches par brauade; on voit encor
plus de deux cent coups d'aleines dans
ces peaux : bref ils exercerent fur eux
toutes les cruautez que i'ay dit cy deffus parlant de ce que i'auois veu à Tadouffac, & plufieurs autres, dont ie ne
me fouuiens pas maintenant. Quand
on leur reprefente que ces cruautez
font horribles & indignes d'vn homme; ils répondent, Tu n'as point de
courage de laiffer viure tes ennemis,
quand les Hiroquois nous prennent,
ils nous en font encor pis, voyla
pourquoy nous les traittons le plus
mal qu'il nous eft poffible. Ils firent
mourir vn Sagamo Hiroquois, homme puiffant & courageux, il chantoit
dans

dans ſes tourmens. Quand on luy
vint dire qu'il falloit mourir : il dit,
comme tout ioyeux, Allons i'en ſuis
content, i'ay pris quantité de Montagnards, mes amis en prendront encor, & vengeront bien ma mort. Là
deſſus il ſe mit à raconter ſes proüeſ-
ſes, & dire adieu à ſes parents, ſes
amis, & aux alliez de ſa nation, au
Capitaine Flamand qui va traicter
des peaux au païs des Hiroquois par
la mer d du Nord. Apres qu'on luy eut
coupé les doits, briſé les os des bras,
arraché la peau de la teſte, qu'on l'eut
roſty & bruſlé de tous coſtez, on le
détacha, & ce pauure miſerable ſ'en
courut droit à la riuiere, qui n'eſtoit
pas loin de là, pour ſe rafraiſchir : ils
le reprirent, luy firent encor endurer
le feu vne autrefois, il eſtoit tout noir,
tout grillé, la graiſſe fondoit & ſor-
toit de ſon corps, & auec tout cela il
ſ'enfuit encor pour la ſeconde fois, &

D

l'ayans repris , ils le bruſlerent pour
la troiſieſme ; en fin il mourut
dans ces tourmens : comme ils le
voyoient tomber , ils luy ouurirent
la poitrine , luy arrachant le cœur , &
le donnant à manger à leurs petits enfans, le reſte eſtoit pour eux. Voyla
vne eſtrange barbarie. Maintenant
ces pauures miſerables ſont en crain-
te , car les Hiroquois ſont tous les
iours aux aguets pour ſurprendre les
Montagnards , & leur en faire autant. C'eſt pourquoy noſtre Capitaine voulant enuoyer quelqu'vn aux
Hurós, n'a iamais peu trouuer aucun
Sauuage qui y voulût aller. C'eſt aſſez parlé de leur cruauté ; diſons deux
mots de leur ſimplicité. Vn Sauuage
venant voir cét hyuer le Capitaine
Anglois , & voyant que tout eſtoit
couuert de neige, eut compaſſion de
ſon frere qui eſt enterré aupres de
l'habitation des Fráçois ; voyla pour-

quoy il luy dit, Monfieur vous n'a-
uez point pitié de mon pauure frere,
l'air eft fi beau, & le Soleil fi chaud,
& neantmoins vous ne faites point
ofter la neige de deſſus ſa foſſe pour
le réchauffer vn petit. On eut beau
luy dire que les corpsmorts n'auoient
aucun ſentiment, il fallut découurir
cette foſſe pour le contenter.

Vn autre aſſiſtant aux Litanies
que diſoient quelques François, &
entendant qu'on diſoit ſouuent ces
paroles, *ora pro nobis*, comme il ne les
entendoit pas bien prononcer, il
croyoit qu'on diſoit, *carocana ouabis*,
c'eft à dire du pain blanc, il ſ'eſton-
noit que ſi ſouuent on reïteraft ces
paroles, *carocana ouabis*, du pain blác,
du pain blanc, &c. Ils croyent que le
tonnerre eft vn oyſeau, & vn Sauuage
demandoit vn iour à vn François ſi
on n'en prenoit point en France, luy
ayant dit qu'ouy , il le ſupplia de

luy en apporter vn, mais fort petit; il craignoit qu'il ne l'eſpouuantaſt ſ'il euſt eſté grand.

Voicy vne choſe qui m'a conſolé, vn certain Sauuage nommé la Naſſe, qui demeuroit auprés de nos Peres, & cultiuoit la terre; voyant que les Anglois le moleſtoient, ſ'eſtoit retiré dans des Iſles où il auoit continué à cultiuer la terre; entendant que nous eſtions de retour, nous eſt venu voir, & nous a promis qu'il reuiendra à ſe cabaner aupres de nous, qu'il nous donnera ſon petit fils; ce ſera noſtre premier penſionnaire, nous luy apprendrons à lire, & à eſcrire; ce bon homme dit que les Sauuages ne font pas bien, qu'il veut eſtre noſtre frere, & viure comme nous; madame Hebert nous a dit qu'il y a long temps qu'il ſouhaittoit noſtre retour.

Pluſieurs Sauuages nous demandent des nouuelles du R. Pere Lalle-

mant, du Pere Maſſe, & du Pere Brebeuf, qu'ils appellent fort bien par
leur nom, & ſ'enqueſtent ſils ne re-
tourneront point l'année qui vient:
ces bonnes gens ont confiance en
nous, en voicy vn exemple.

Le 6. d'Aouſt monſieur Emery de
Caën nous eſtant venu voir en noſtre
petite maiſon, éloignée du fort vne
bonne demie lieuë, il demeura à diſ-
ner auec nous. Pendant que nous
eſtions en table, voyla deux familles
de Sauuages qui entrent iuſqu'au lieu
où nous eſtions, hommes, femmes, &
petits enfans. La premiere porte de
noſtre maiſon eſtant ouuerte tout eſt
ouuert, les Anglois ont briſé les autres: voyla pourquoy ces bonnes gens
furent pluſtoſt dans la chambre où
nous eſtions, qu'on ne ſ'en fut pris
garde. Ils me vouloient prier de leur
garder quelque bagage, ie remarquay
eur patience, car quoy qu'ils fuſſent

en chemin d'vn long voyage qu'ils alloient faire, iamais neantmoins ils ne nous interrompirent pendant le difner, ny apres tandis qu'ils me virent auec noftre Capitaine. Ils f'affirent de part & d'autre, & ie leur fis donner à chacun vn morceau de pain, ce qu'ils ayment fort : en fin monfieur de Caën eftant party, l'vn d'eux m'aborde, & me dit, *Ania Kir Capitana* ? mon frere es tu Capitaine? Ils demandoient le fuperieur de la maifon. Ils appellent leur Capitaine Sagamo, mais par la frequentation des Europeans, ils fe feruent du mot de *Capitana*. Noftre Frere leur répondit, *eoco*, c'eft à dire oüy. Là deffus il me fait vne harangue, me difant qu'ils f'en alloient à la chaffe, ou à la pefche des Caftors, & que ie leur gardaffe leur equipage, qu'ils reuiendroient quand les fueilles tomberoiét des arbres. Ils me demanderent fort

ſouuent s'il n'y venoit point de lar-
rons en noſtre maiſon , & regardoiẽt
fort bien les endroits où leur bagage
ſeroit plus à couuert. Ie leur répondy
que tout eſtoit chez nous en aſſeu-
rance , & leur ayant monſtré vne
chambrette qui fermoit à clef, ils furent fort contents , mettant là dedans
trois ou quatre paquets couuerts d'é-
corces d'arbres fort proprement, di-
ſans qu'il y auoit là dedans de grandes
richeſſes. Ie ne ſçay ce qu'il y a , mais
au bout du conte toutes leurs richeſſes ne ſont que pauureté , leur or & ar-
gent , leurs perles & diamans ſont de
petits grains blancs de porcelaine qui
ne paroiſſent pas grãde choſe. Ayant
ſerré leur bagage ils me demanderent
vn couſteau, ie leur en donnay vn ,
puis ils me demanderent vn peu de ficelle pour attacher apres vn fer de fle-
che, ou vn dard, qui a des dents comme vne cramaillere. Ils lancent ces

dards contre le Castor , & tiennent
tousiours le bout de la ficelle, la laif-
fant filer iufques au fond de l'eau,
où fe retire le Castor bleffé : lequel
ayant perdu fon fang s'affoiblit, & ils
le retirent par cette ficelle, qu'ils ne
quittent iamais qu'ils n'ayent leur
proye. Leur ayant donc fait prefent
d'vn morceau de ficelle , ils me dirent
Ania Capitana ouias amifcou , mon
frere le Capitaine , nous t'apporte-
rons la chair d'vn Castor, & me firent bien entendre qu'elle ne feroit
point bouquanée, ils fçauét bien que
les François n'ayment point leur bou-
quan, c'est de la chair feichée à la fumée , ils n'ont point d'autre fel que la
fumée pour conferuer leur viande.

Vn autre Sauuage, estant encor à
Tadouffac, m'apporta deux bouteilles de vin pour luy garder dans ma cabane. Comme il tardoit long temps
à les venir requerir, i'aduerty le Pere

de Nouë , & noftre Frere , que s'il
s'addreffoit à eux qu'ils me l'enuoyaf-
fent,ie craignois qu'il ne les prift pour
moy : mais il ne fe trompa point. Le
foir comme ie difois mon breuiaire,
il fe vint affeoir aupres de moy , & at-
tendit que i'euffe acheué , alors il me
tira & me dit , *Ania Cabana* , mon
frere allons à ta cabane, ie l'entendy
bien, & luy rendy fes bouteilles qui
luy auoient coufté de bonnes peaux.
Ces exemples font voir la confiance
qu'ils ont en nous : en verité qui fçau-
roit parfaittement leur langue, feroit
puiffant parmy eux.

Ie fuis deuenu regent en Canada,
i'auois l'autre iour vn petit Sauuage
d'vn cofté,& vn petit Negre ou Mau-
re de l'autre , aufquels i'apprenois à
cognoiftre les lettres. Apres tant d'an-
nées de regence, me voyla enfin retourné à l'A , B, C. mais auec vn contentement & vne fatisfaction fi gran-

de , que ie n'euſſe pas voulu changer
mes deux eſcoliers pour le plus bel
auditoire de France : ce petit Sauuage
eſt celuy qu'on nous laiſſera bien toſt
tout à fait, ce petit Neigre a eſté laiſ-
ſé par les Anglois à cette famille Frá-
çoiſe qui eſt icy, nous l'auions pris
pour l'inſtruire & le baptiſer , mais il
n'entend pas encor bien la langue,
voy`la pourquoy nous attendrons
encor quelque temps. Quand on luy
parla du bapteſme il nous fit rire, ſa
maiſtreſſe luy demandant s'il vouloit
eſtre Chreſtien, s'il vouloit eſtre baptiſé, & qu'il ſeroit comme nous , il
dit qu'oüy : mais il demanda ſi on ne
l'eſcorcheroit point en le baptiſant,
ie croy qu'il auoit belle peur : car il
auoit veu eſcorcher ces pauures Sauuages. Comme il vit qu'on ſe rioit de
ſa demande, il repartit en ſon patois,
comme il peut, Vous dites que par le
bapteſme ie ſeray comme vous , ie

ſuis noir & vous eſtes blancs, il fau-
dra donc m'oſter la peau pour deue-
nir comme vous: là deſſus on ſe mit
encor plus à rire, & luy voyant bien
qu'il ſ'eſtoit trompé, ſe mit à rire
comme les autres. Quand ie luy dy
qu'il prit ſa couuerture, & qu'il ſ'en
retournaſt chez ſon maiſtre iuſques
à ce qu'il entendit mieux la langue, il
ſe mit à pleurer, & ne voulut iamais
reprendre ſa couuerture, ie luy dy
qu'il s'en allaſt au fort auec le Pere de
Nouë qui s'y en alloit, il obeït, mais
on le rendit en paſſant à ſon maiſtre
qui ne s'en peut pas long temps paſſer, autrement nous l'aurions retenu
auec nous. Sa maiſtreſſe luy demandant pourquoy il n'auoit point rap-
porté ſa couuerture, il répondit, Moy
point baptiſé, point couuerture: ils
diſoient viens baptiſe toy, & moy
point baptiſé, moy point baptiſé,
point retourné, point couuerture. Il

vouloit dire, que nous luy auions promis le baptefme, & qu'il ne vouloit point retourner qu'il ne l'eût receu, ce fera dans quelque temps, s'il plaift à Dieu.

Ie fupputois l'autre iour combien le Soleil fe leue pluftoft fur voftre horifon, que fur le noftre, & ie trouuois que vous auiez le iour fix heures & vn peu dauantage plutoft que nous. Nos Mariniers content ordinairement 17. lieuës & demie pour vn degré de l'equinoctial & tout autre grand cercle, & d'ailleurs font eftat qu'il y a d'icy iufques à vous 1000. lieuës & dauantage, qui feront par confequent 57. degrez & 12. minutes d'vn grand cercle, fur lequel fe doit conter le droit chemin qu'il y a d'icy à vous. Suppofant donc noftre latitude de 46. degrez & deux tiers, & celle de Dieppe de 49. & deux tiers, la fupputation faite exactement par la refolution d'vn triangle qui se fait sur la terre entre nos deux lieux, & le pole, nous donnera 91. degrez & 38. minutes pour l'angle qui se fait au pole par nos deux meridiens, & par conse-quent pour la piece de l'equinoctial, qui est la mesure dudit angle, laquel-le est iustement la difference de nos longitudes. Or ce nombre de degrez estant reduit en temps, contant vne heure pour chaque 15. degrez, nous aurons six heures & six minutes pour le temps que le Soleil se leue plustost chez vous que chez nous : si bien que quand vn Dimanche vous contez trois heures du matin, nous ne som-mes encor qu'à neuf heures du Same-dy au soir. l'escry cecy enuiron les huict heures du matin, & vous auez deux heures apres midy. Que si auec les Geographes pour vn degré d'vn grand cercle on contoit 25. lieuës, comme on fait ordinairement des

lieuës Françoises de moyenne grandeur, alors nos 1000. lieuës ne fe-
roient que 40. degrez de droit chemin d'icy à vous, & par confequent
la fupputation faite comme deffus
ne donneroit pour la difference de
nos longitudes que 61. degrez & 34.
minutes, c'eft à dire 4. heures & 6.
minutes de temps.

Au refte ce pais cy eft tres-bon, fi
toft que nous fommes rentrez en noftre petite maifon enuiron le 13. de
Iuillet nous auons foüy & befché la
terre, femé du pourpier, des naueaux,
planté des faifoles, tout n'a point tardé à leuer, nous auons bien toft apres
recueilly de la falade, le mal eftoit
que nos graines eftoient gaftées, ie
dy d'vne partie, fçauoir eft qu'on a
enuoyé à monfieur du Pleffis: car celles que noftre Frere a apporté, ont
tres-bien reüffi, vous feriez eftonné
de voir quelque nombre d'efpics de

seigle qui se sont trouuez parmy nos pois, elles sont plus longues & mieux grenées que les plus belles que i'aye iamais veu en France.

Vendredy dernier 20. d'Aoust, iour de sainct Bernard, estant allé voir vn malade à nostre bord, c'est à dire à nostre vaisseau, pour aller de là saluër monsieur de la Rade, & le Capitaine Morieult nouuellement arriuez, ie pensay estre noyé auec deux François qui estoient auec moy dans vn petit cauot de Sauuage, dont nous nous seruons. La marée estoit violente, celuy qui estoit derriere dans ce cauot le voulant détascher du nauire la marée le fit tourner, & le cauot & nous aussi, nous voyla tous trois emportez par la furie de l'eau, au milieu de cette grande riuiere de sainct Laurens. Ceux du nauire crie sauue, sauue, au secours, mais il n'y auoit point là de chalouppe, nous attrapons le

cauot, comme ie vy qu'il tournoit fi
fort que l'eau me paſſoit de beaucoup
par deſſus la teſte, & que i'eſtouffois,
ie quittay ce cauot pour me mettre à
nager, ie n'ay iamais bien ſceu ce me-
ſtier, & il y auoit plus de 24. ans que
ie ne l'auois exercé : à peine auoy-ie
auancé de trois braſſes, que ma ſotane, m'enueloppant la teſte & les bras,
ie m'en allois à fond , i'auois deſia
donné ma vie à noſtre Seigneur, ſans
luy demander qu'il me retiraſt de ce
danger, croyant qu'il valloit mieux
le laiſſer faire, i'acceptois la mort de
bon cœur ; bref i'eſtois deſia à demy
eſtouffé, quand vne chaloupe qui
eſtoit ſur le bord de la riuiere, & deux
Sauuages accoururent dans leur cauot, il ne paroiſſoit plus qu'vn petit
bout de ma ſotane, on me retira par
là, & ſi on eût encor tardé vn *Pater*,
i'eſtois mort, i'auois perdu tout ſentiment, pour ce que l'eau m'eſtouf-
foit,

foit, ce n'eſtoit point d'apprehenſion, ie m'eſtois reſolu à mourir dans les eaux, dés le premier iour que ie mis le pied dans le vaiſſeau, & i'auois prou exercé cette reſignation dans les tempeſtes que nous auons paſſé ſur mer, le iugement me dura tant que i'eu des forces, & me ſemble que ie me voyois mourir, ie croiois qu'il y eut plus de mal à eſtre noyé qu'il n'y en a : bref nous fumes tous trois ſau- uez, i'en ſuis reſté indiſpoſé de l'e- ſtomach, i'eſpere que ce ne ſera rien, la volonté de Dieu ſoit faite, cela ne m'eſtonne point. Deux Anglois ſ'e- ſtant noyez dans ces canots faits d'é- corces, qui ſont extrememét volages, le Capitaine Ker fit faire vne petit ba- teau de bois pour paſſer de noſtre maiſon au fort ; car il y a vne riuiere entre deux ; ie croiois que ce bateau nous demeureroit, celuy qui ſ'en eſt ſaiſi l'auoit promis au Pere de Nouë,

E

mais depuis il s'est rauisé, s'il nous
l'eut donné cela ne seroit pas arriué,
patience, il importe peu où on meu-
re, mais si bien comment.

Demain 25. d'Aoust ie dois bapti-
ser vn petit enfant Hiroquois qu'on
doit porter en France pour ne retourner iamais plus en ces païs cy, on l'a
donné à vn François qui en a fait present à monsieur de la Rade. C'est assez, nous sommes si empressez que ie
n'ay gardé aucun ordre en ce narré,
V. R. m'excusera s'il luy plaist, ie la
supplie de secourir ces pauures peuples qui sont en bon nombre, les Canadiens, Montagnards, Hurons, Al-
gouquains, la Nation des Ours, la
Nation du Petun, la Nation des Sor-
ciers, & quantité d'autres : Ie vy arriuer les Hurons, ils estoient plus de
50. cauots, il faisoit fort beau voir
cela sur la riuiere, ce sont de grands
hommes bien faits, & tres-dignes de

compaſſion, pour ne cognoiſtre pas
l'Autheur de vie dont ils ioüiſſent, &
pour n'auoir iamais oüy parler de celuy qui a donné ſa vie, & répandu ſon
ſang pour eux.

Ie penſois conclure ce petit narré
le 24. d'Aouſt: mais ce ne ſera qu'a-
pres le bapteſme de ce petit enfant.
Ie viens donc de le baptiſer, monſieur
Emery de Caën eſt ſon Parrain, madame Coullart fille de madame Hebert eſt ſa Marraine, il a nom Louys,
auſſi a-il eſté baptiſé le iour de ſainct
Louys. Ce pauure petit qui n'a enuiron que quatre ans pleuroit inceſſamment deuant le bapteſme, & s'en-
fuioit de nous, ie ne le pouuois te-
nir : ſi toſt que i'eu commencé les
ceremonies, il ne dit pas vn mot, il
me regardoit attentiuement, & faiſoit tout ce que ie luy faiſois faire. Ie
croiois qu'il fut Hiroquois, mais i'ay
appris qu'il eſt de la Nation de feu

son Pere & sa Mere, & luy ont esté
pris en guerre par les Algonquains
qui ont bruslé les parents, & donné
l'enfant à nos François.

Louys iadis Amantacha nous est
venu voir, & nous a promis qu'il
viendroit l'année suiuante, pour s'en
retourner auec le Pere Brebeuf en
son païs; il a de l'esprit, & m'a té-
moigné qu'il auoit de bons senti-
mens de Dieu; cette Nation est ru-
sée, ie ne sçaurois qu'en dire: mille
recommandations aux saincts sacri-
fices de vostre R. & aux prieres de
toute sa Prouince.

De V. R.

Tres-humble & obeïssant seruiteur
selon Dieu, PAVL LE IEVNE.

Du milieu d'vn bois de plus de 800. lieuës d'esten-
duë, à Kebec ce 28. d'Aoust 1632.

PRIVILEGE DV ROY.

NOvs Barthelemy Iacquinot, Prouincial de la Compagnie de IEsvs,
en la Prouince de France, suiuant le Pri-
uilege qui nous a esté octroyé par les
Roys tres-Chrestiens, Henry III. le 10.
May 1583. Henry IV. le 20. Decembre
1606. & Louys XIII. à present regnant
le 14. Feurier 1612. par lequel il est de-
fendu à tous Imprimeurs, ou Libraires,
de n'imprimer ou faire imprimer aucun
liure de ceux qui sont composez par quelqu'vn de nostredite Compagnie, sans
permission des Superieurs d'icelle. Per-
mettons à SEBASTIEN CRAMOISY
Libraire Iuré Bourgeois de Paris, de pouuoir imprimer pour six ans, *Brieue Rela-
tion du voyage de la Nouuelle France*, &c.
En foy de quoy nous auons signé la pre-
sente le 15. Nouembre 1632.

B. IACQVINOT.